AF383759

DU PAIN.

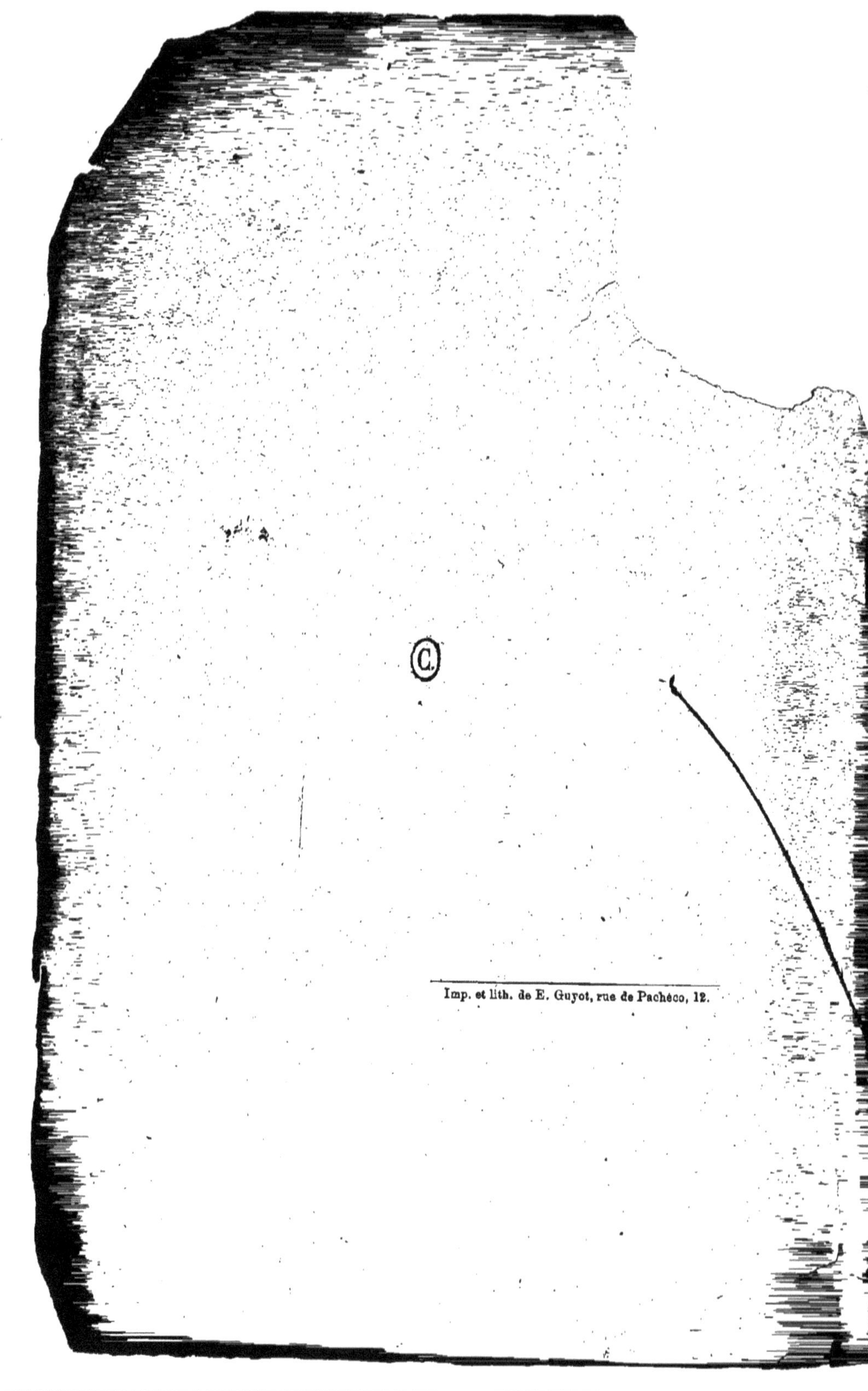

Imp. et lith. de E. Guyot, rue de Pachéco, 12.

...U PAIN

DES

DIFFÉRENTS MODES & SYSTÈMES

EMPLOYÉS

POUR SA FABRICATION.

PAR

le Major GRATRY.

PARIS,	BRUXELLES,
CH. TANÉRA, ÉDITEUR,	HENRY MERZBACH, ÉDITEUR,
Rue de Savoie, 6.	Même maison à Gand et à Leipzig.

1872.

INTRODUCTION.

Une question importante, qui préoccupe à bon droit tous les hommes sincèrement dévoués à l'armée, est celle de l'alimentation du soldat et, spécialement, celle du pain de munition.

Le Département de la Guerre, toujours soucieux du bien-être du soldat, a chargé une Commission de rechercher les améliorations à introduire dans la composition et la fabrication du pain de la troupe.

Quand cette commission entreprit ses travaux, l'armée, par suite des événements de guerre, venait d'avoir, en très-peu de jours, ses effectifs presque triplés. Son stock en farine n'étant pas en rapport avec ce grand surcroît de consommation, l'intendance dut acheter à la hâte des quantités considérables de froment. Le grain, quoique de bonne qualité, fut concassé plutôt que moulu dans nos meuneries, et ne produisit que des farines fraîches, à peine refroidies, se laissant mal pétrir. Les ouvriers boulangers furent surchargés de besogne. Les accroissements ou les diminutions soudaines d'une garnison nécessitèrent la distribution de pains trop frais ou trop vieux. Les transports de pains frais, empilés dans des sacs ou chargés dans des fourgons, se firent dans de mauvaises conditions, etc., etc.

C'est au concours de toutes ces circonstances diverses, qui jetèrent une grande perturbation dans les boulangeries militaires, que l'on doit *en partie* attribuer la mauvaise qualité du pain de munition distribué à la troupe, pendant la campagne de 1870.

Nous disons *en partie*, car l'examen attentif auquel se livra la Commission du pain dans les principales manutentions du pays, mit bientôt en évidence les défectuosités reprochées aux boulangeries militaires et qu'il importe de faire cesser ou tout au moins de neutraliser.

Le but de cette brochure n'est pas d'examiner toutes

ces causes, dont la plupart se rattachent directement à l'art du meunier. Nous nous occuperons simplement de la panification, et nous indiquerons les progrès qui, suivant nous, pourraient être réalisés aujourd'hui dans nos manutentions militaires, par l'adoption d'un nouveau mode de pétrissage et d'un nouveau four à cuire le pain.

CHAPITRE PREMIER.

Pétrissage

CONSIDÉRATIONS GÉNÉRALES.

Le pétrissage a pour objet d'opérer le mélange d'une quantité déterminée de farine, avec de l'eau potable, du sel et du levain, afin de former une pâte souple, élastique, homogène, propre à être livrée à la cuisson.

Ce travail, qui comporte à lui seul presque toute la science du boulanger, comprend six opérations distinctes qui sont :

1° La *délayure,* ou le délayement du levain dans une partie de l'eau destinée à la pâte d'une fournée ;

2° La *frase,* ou la formation préparatoire du mélange, consistant dans l'addition à la délayure de la farine et de l'eau complémentaires ;

3° La *contre-frase,* servant à donner de la consistance et un premier degré d'homogénéité à la pâte, par un remuement rapide et vigoureux ;

4° *Les tours*, qui ont pour objet de travailler la pâte en la découpant en dessous, l'étirant, la rapprochant et la retournant en gros pâtons qu'on jette dans le pétrin de droite et de gauche;

5° *Le bassinage*, qui consiste à faire des enfoncements dans la pâte pour y verser de l'eau chargée de sel marin; celle-ci est ensuite absorbée par la pâte qu'on retourne dans le pétrin.

6° Les *battements*, ou la projection plus ou moins violente de la pâte, réduite en gros fragments, contre les parois ou sur le fond du pétrin, afin de lui donner la souplesse, l'élasticité, l'homogénéité et la ténacité voulues.

Toutes ces manipulations exercent une grande influence sur le résultat final du pétrissage et doivent être faites avec intelligence.

La frase et la contre-frase exigent beaucoup de célérité de la part de l'ouvrier, sinon la pâte pourrait être manquée, ou *brûlée*, selon l'expression consacrée. Les tours, ainsi que les battements, demandent à être exécutés avec énergie et habileté.

La pâte, ainsi préparée, est laissée en fermentation pendant un certain temps et est divisée ensuite pour être mise au four.

Jusqu'au siècle dernier, le pétrissage s'est fait exclusivement par le travail manuel. Ce travail est très-fatigant et offre peu de certitude d'être mené à bien. Il est, en effet, difficile d'admettre que le pétrisseur, malgré toute son habileté, amènera à chaque pétrissage la pâte au degré de consistance qu'elle doit avoir, soit parce qu'il emploiera trop d'eau, pour alléger son labeur pénible, soit parce qu'il sera trahi par ses efforts musculaires, pendant les dernières phases de l'opération. Et si la pâte est trop molle, la qualité du pain en souffre, car il est reconnu que l'évaporation produite par la cuisson, reste invariable, quelle que soit la quantité d'eau absorbée par les farines.

D'un autre côté, on sait que le pétrissage à bras épuise sans cesse les forces des ouvriers et nuit à leur santé, en occasionnant de graves désordres dans leurs organes respiratoires et en rendant ces ouvriers asthmatiques de bonne heure. Aussi, voit-on généralement peu de boulangers, qui ont fait toute leur vie le pétrissage à bras, ou à l'aide des pieds, dépasser la cinquantaine.

Il importe donc, par raison d'humanité, de faire opérer ces manipulations à un pétrisseur mécanique.

Ajoutons encore que les procédés de pétrissage à bras, ou à l'aide des pieds, laissent beaucoup à désirer sous le rapport de la propreté; car les ouvriers, nus jusqu'à la ceinture, ruisselant de sueur dans ce travail de bête de somme, communiquent à la pâte des sécrétions souvent malsaines. Et quand on est témoin de ces manipulations dans les boulangeries militaires, on se demande comment on n'a pas cherché plus tôt à introduire des agents mécaniques analogues à ceux qui sont employés depuis longtemps déjà dans les prisons, dans les hospices et dans la plupart des grandes boulangeries du commerce.

Pétrisseurs mécaniques.

Il est incontestable, en effet, que les machines propres à suppléer au travail de l'homme et à donner de la régularité aux opérations du pétrissage, sont susceptibles, par leur emploi dans les manutentions, de réaliser de grands avantages, tels que l'économie, la rapidité et la propreté, sans exiger de l'ouvrier un soin ou une attention trop soutenus et de trop grands efforts musculaires.

Les premiers essais de pétrisseurs mécaniques semblent avoir été faits en Italie et en Espagne, au siècle dernier. Les Italiens imaginèrent la *Stangua* ou *Maciulla*; et les Espagnols firent usage d'un instrument du nom de *Brega* (1), qu'ils emploient encore aujourd'hui.

Bientôt après, d'autres pays se livrèrent à des tentatives du même genre, et un grand nombre de machines plus ou moins compliquées virent le jour.

Mais ces machines ne répondirent d'abord qu'imparfaitement à l'espoir des inventeurs, soit qu'elles exigeassent trop de fatigue de la part des ouvriers, soit qu'elles ne réalisassent pas toutes les opérations complexes du pétrissage.

Les recherches continuèrent, et des mécaniciens français et anglais parvinrent à donner une solution plus

---

(1) La *Brega* ressemble beaucoup aux rouleaux pétrisseurs dont on fait usage pour la fabrication du biscuit dans plusieurs ports d'Angleterre, notamment à Portsmouth et à Plymouth. Il est donc assez probable qu'elle a fourni l'idée de ces machines.

complète au problème, en employant des agents mécaniques mieux conditionnés, pouvant rivaliser avec le travail des hommes.

Les pétrisseurs mécaniques qui ont été imaginés jusqu'à présent peuvent se subdiviser en deux groupes, savoir :

1° Ceux dans lesquels la pâte est comprimée ;

2° Ceux où la pâte est simplement remuée.

Les premiers sont incomplets, comme la *Brega* des Espagnols et le pétrisseur de MM. Cavalier et frères. Ils ne permettent pas d'opérer la délayure, la frase et la contre-frase ; de plus, la pâte doit être préparée à la main, avant d'être soumise aux appareils.

Ces machines ne donnent dès lors qu'un produit imparfaitement travaillé, manquant de corps, d'homogénéité et d'élasticité.

Les pétrisseurs du deuxième groupe reproduisent pour la plupart, d'une manière assez complète, les diverses opérations du pétrissage à bras. Ils facilitent le travail de l'ouvrier, sans exiger de lui de grands efforts musculaires, permettent de pétrir sans intermittence, et donnent, vu leur marche régulière et constante, des résultats toujours identiques. C'est par l'emploi de quelques-uns de ces appareils reconnus les meilleurs, que l'industrie privée est parvenue, depuis une trentaine d'années, à introduire de nombreuses améliorations dans la fabrication du pain, et, conséquemment, à réaliser des progrès remarquables.

Mais ces progrès, si généralement appréciés, ne se

sont pas encore accomplis dans nos boulangeries militaires (1).

De là cette inégalité frappante qu'on remarque souvent dans les produits obtenus, parce que les ouvriers, n'ayant d'autre souci que de remplir une tâche, n'apportent pas toujours dans leur travail un soin et une attention bien soutenus.

Il existe une grande variété de pétrisseurs mécaniques du second système.

Les uns sont à caisse mobile, pourvue ou non à l'intérieur d'agitateurs fixes ; tels sont les pétrins Lembert (2), Fontaine, Hébert, etc. ; d'autres sont à coffre fixe et renferment des agents mécaniques mobiles, propres à diviser et à malaxer la pâte, à savoir : les appareils Noverre, Maugeret, Lasgorseix, Rolland, Guibert, etc. ; dans d'autres, enfin, la caisse et les agitateurs sont mis simultanément en action : tels sont les pétrins Clayton, David, Rollet, Deliry, etc.

La plupart de ces appareils ont sans doute des qualités très-remarquables. Nous nous bornerons toutefois à donner la description des pétrins Rolland, Deliry, Guibert et Boland qui, à n'en pas douter, doivent être

(1) Le seul pétrin mécanique actuellement en usage dans les boulangeries militaires existe au corps de discipline et de correction, à Vilvorde. Il est du système Boland et il a été cédé par le Département de la Justice au Département de la Guerre, lors de la remise de l'immeuble de l'ancienne maison centrale pénitentiaire.

La pâte fabriquée avec ce pétrin est très-supérieure à celle du pain de la troupe dans les garnisons.

(2) Le pétrin Lembert ou la Lembertine est le premier appareil de l'espèce inventé en France. Il a été expérimenté pour la première fois en 1810, à Paris.

préférés aux autres, par la raison que leur fonctionnement se rapproche le plus du pétrissage à bras et qu'il met le mieux en pratique les règles de la panification.

Pétrin Rolland.

Le pétrin Rolland se recommande par sa simplicité et les résultats avantageux qu'il réalise.

Il se compose d'une auge horizontale demi cylindrique, dans laquelle se meut, autour d'un axe de rotation reposant sur les parois latérales, deux sortes de herses ou râteliers en forme d'S. Ces râteliers sont armés de deux séries de lames en fer, de forme cylindrique, alternativement longues et courtes. Les premières lames sont fixées à la fois sur l'axe de rotation et sur la traverse extérieure des râteliers ; les autres ne sont rattachées qu'à cette dernière et n'ont que la moitié de la longueur des premières. Les unes et les autres alternent entre elles, dans chaque série, de telle sorte qu'à une lame entière, d'un côté de l'axe, répond une demi-lame du côté opposé.

L'auge est, soit en fonte ou en forte tôle, soit en bois, garnie à l'intérieur d'une plaque de tôle étamée.

Le mécanisme de la manœuvre du pétrin Rolland perfectionné comprend un volant garni d'une manivelle, deux pignons engrenant avec deux roues dentées, l'une grande, l'autre petite et deux poulies. Le mouvement peut être ainsi communiqué soit par un ouvrier, soit par un moteur mécanique. Dans le premier cas, qui est celui des petits pétrins, il suffit d'un ouvrier ordinaire pour effectuer la manœuvre, en pleine charge et sans épuisement de force, pendant toute la durée de l'opération.

En moins d'une demi-heure, un et même deux sacs de farine, selon la capacité de l'auge, sont, dans cet appareil, transformés en une pâte homogène et d'une propreté parfaite. La délayure se fait en quelques tours de roue et dans de bonnes conditions; le frasage et le contre-frasage s'opèrent à la fois sur toute la masse de la pâte; de telle sorte que l'eau s'y répartit plus uniformément; l'étirage et le découpage, qu'effectuent simultanément les deux systèmes de lames, produisent enfin, d'une manière satisfaisante, ce qu'en termes de métier on nomme le *pâtonnage* et le *soufflage*.

Outre ces qualités essentielles sous le rapport de la panification, le pétrin de M. Rolland procure encore les avantages suivants:

1° Il assure le succès du pétrissage par des résultats toujours satisfaisants, quel que soit le bon ou le mauvais vouloir qu'apporte l'ouvrier dans son travail;

2° Il ne peut se produire dans le pétrin aucune perte de farine comme dans le pétrissage à bras;

3° Il exige peu de place pour son installation et permet de tenir la boulangerie dans un bon état de propreté;

4° L'enlèvement de la pâte, pour la pesée et la répartition dans les pannetons, s'y effectue aisément;

5° Son nettoyage est facile;

6° Son prix peu élevé le met à la portée de la

plupart des boulangeries quelque peu achalandées.

L'appareil de M. Rolland est appliqué, depuis long-temps déjà et avec beaucoup de succès, dans un grand nombre d'établissements en Europe.

Pétrin Deliry.

Le pétrin de M. Deliry-Desboves, de Soissons, l'un des plus récents qui aient été imaginés, consiste en un bassin circulaire en fonte, assujetti à tourner autour d'un arbre vertical, traversant un tambour central garni d'un couvercle. Ce tambour renferme les engre-nages qui font mouvoir trois organes malaxeurs, placés en travers du bassin et composés d'un pétrisseur et de deux allongeurs. Le pétrisseur est en forme de lyre et tourne sur un axe vertical; les allongeurs sont con-tournés en hélice et leurs axes sont horizontaux.

Le bassin, dans son mouvement giratoire, amène suc-cessivement la pâte au pétrisseur et aux allongeurs qui lui donnent, en peu de temps, l'apprêt qu'elle doit avoir, tout en lui ménageant le repos nécessaire pour sa fer-mentation.

Le mouvement est communiqué au pétrin soit à bras d'homme, soit par un moteur à vapeur, soit à l'aide d'un manége à un cheval. Le mécanisme varie selon ces trois cas et comporte un plus ou moins grand nombre d'or-ganes qui font mouvoir tout à la fois le bassin et les agitateurs.

Nous avons vu ce pétrin en activité à la boulangerie

modèle « la Cérès » à Amsterdam et à l'ancienne boulangerie impériale, rue Saint-Honoré, à Paris (1). Son action est aussi prompte qu'efficace. En un quart d'heure au plus, il donne une pâte excellente, exempte de grumeaux ou de pelotes, et pouvant rivaliser avec celle que procurent les pétrins Rolland et Boland. La pâte y est sans cesse manipulée d'après toutes les règles de la panification, sans jamais être déchirée ou macérée. Le pétrisseur sert à effectuer la frase, puis il déplace et découpe la pâte pendant toute la durée du travail; les allongeurs l'étirent et la soufflent en tous sens, partie par partie, comme cela se pratique dans le pétrissage à bras. De plus, le bassinage, dont les bons effets sont connus, s'y opère vivement et avec facilité.

L'appareil de M. Deliry-Desboves est donc fort bien conçu et permet de réaliser des avantages importants. Malheureusement, il occupe beaucoup de place, ce qui peut être, dans certains cas, un obstacle à son adoption. D'un autre côté, le mouvement du bassin et des agitateurs exige une force motrice assez grande; ses organes étant très-multipliés, les causes de dégradations sont nombreuses, ce qui peut donner lieu à un entretien coûteux; enfin le prix de revient de cette machine est relativement trop élevé pour la plupart des boulangeries.

(1) Le pétrin de *la Cérès* a $1^m.60$ de diamètre, et peut contenir 250 kilog. de pâte. Deux hommes suffisent pour sa manœuvre.

Le pétrin de l'ancienne boulangerie impériale a 2 mèt. de diamètre; il peut contenir 750 kilog. de pâte, mais il ne sert habituellement que pour 500 kilog. Il exige l'emploi d'une machine à vapeur spéciale de la force de trois chevaux.

Ajoutons, pour terminer, que le pétrin de M. Deliry a une frappante analogie avec la machine pétrisseuse de MM. Landry et Lebaudy qui a obtenu, en 1862, la grande médaille à l'exposition universelle de Londres (1).

La seule différence essentielle qui se remarque entre ces deux appareils, consiste en ce que la pétrisseuse est montée sur une machine à vapeur qui traverse le bassin en son milieu, tandis que le pétrin Deliry est indépendant des organes destinés à la production du mouvement.

Pétrin Guibert.

En 1868, M. Guibert, membre du Conseil municipal de Bordeaux, imagina un appareil de panification mécanique (2), propre à exécuter au même instant et séparément deux opérations qui se font habituellement l'une après l'autre, savoir : celle de la préparation du levain et celle du pétrissage de la pâte.

Cet appareil comprend un pétrin en forme de bassin circulaire, servant à préparer la pâte, et un cylindre entièrement fermé, destiné à battre le levain.

Le cylindre est placé au-dessus du bassin et renferme, ainsi que ce dernier, des organes malaxeurs spéciaux qu'un moteur mécanique met en action, soit simultanément, soit séparément. Un conduit, muni d'un robinet, met le cylindre en communication avec le bassin.

(1) Le pétrissage mécanique en boulangerie, par Lebaudy et Landry. Paris, 1864.

(2) Machine à faire le pain, batteur à levain, système Guibert. Bordeaux, 1871.

Le pétrin proprement dit de l'appareil Guibert diffère peu de celui de M. Deliry-Deshoves. Son bassin est fixe, et les organes malaxeurs qu'il renferme sont entraînés dans le mouvement giratoire général, tout en conservant leur rotation propre.

Ces organes sont au nombre de quatre : un batteur ou pétrisseur, un allongeur, un couteau double et un racloir.

Le batteur, dont l'axe est horizontal, consiste en un cadre curviligne en fer méplat, disposé de manière que ses bords puissent se mouvoir tout près des parois du bassin, sans les toucher.

L'allongeur est composé de deux cadres rectangulaires qui se meuvent autour d'un axe vertical.

Le couteau double est placé entre le batteur et l'allongeur et divise la pâte en tronçons après qu'elle a été battue.

Enfin, le racloir a la forme d'un cadre rectangulaire en fer méplat. Il est soumis au mouvement général de l'appareil, sans avoir un mouvement qui lui soit propre. Il a pour objet de détacher la pâte adhérente aux parois du bassin et de la ramener à l'action des malaxeurs.

Quant aux agitateurs renfermés dans l'appareil à levain, ce sont deux rectangles ou barrettes en fer méplat, occupant ensemble environ la moitié de la longueur du cylindre. Ces agitateurs sont entraînés dans le mouvement de l'arbre horizontal.

Tous ces organes se meuvent par l'intermédiaire d'engrenages coniques, calculés de telle sorte que le moteur faisant 75 tours par minute, l'arbre horizontal du cylindre à levain en fait 248, celui du bassin en fait 12 et les arbres des malaxeurs 29.

Le pétrin de M. Guibert n'a pas reçu d'application générale, mais il a fonctionné devant une commission composée d'hommes compétents qui en fait un éloge sérieux. Il paraît, en effet, jouir de tous les avantages du pétrin Deliry, sous le rapport de la panification, et présente de plus cette propriété remarquable de permettre le pétrissage simultané et séparé de deux pâtes différentes, pouvant être incorporées ensemble au moment où l'ouvrier le juge opportun.

Disons pourtant que cet appareil a les mêmes inconvénients que le précédent, et que, de plus, sa complication le rend peu propre au service des boulangeries militaires.

Pétrin Boland.

Le pétrin Boland se compose d'une caisse en fer, ouverte par le haut et terminée inférieurement par une partie semi-cylindrique. A l'intérieur se meuvent, autour de l'axe du cylindre, deux lames courbées et chantournées en forme de spirale, de telle sorte que, dans le mouvement, elles parcourent alternativement et tangentiellement [chaque moitié de la paroi intérieure du pétrin, et plongent ainsi l'une après l'autre, en sens contraire, dans la pâte.

Ces lames sont attachées, d'une part, à l'axe de rotation, vers chacune de ses extrémités, et, d'autre part, à la tête de deux bras en forme de rayons opposés qui s'élèvent contre les joues latérales de l'appareil.

Deux autres lames courbes partent de différents points de chacune des spirales pour aller se rattacher à l'axe de rotation (1).

Toutes les lames sont chantournées de façon à pénétrer dans la pâte, sous un angle de 45°.

Le mécanisme est mis en mouvement par l'intermédiaire d'une roue dentée, d'un pignon et d'un volant à manivelle (2). Il existe, de plus, sur l'arbre du premier moteur, une ou deux poulies à embrayage qui permettent de remplacer le travail de l'homme par une force mécanique.

Le volant n'est point nécessaire quand une machine à vapeur produit le mouvement.

Les engrenages sont réglés de manière à donner au pétrisseur une vitesse normale d'environ six tours à la minute.

(1) Il existe des pétrins Boland dans lesquels l'axe de rotation est interrompu. Une troisième spirale est alors rattachée aux deux premières, et des lames courbes relient les spirales entre elles. Mais ces lames, qui nous paraissent sujettes à se fausser, ont, en outre, le défaut de rendre assez difficile le nettoyage de l'intérieur du pétrin.

La boulangerie Scipion, de l'Assistance publique, à Paris, a fait usage de ce pétrin soi-disant perfectionné, auquel elle a bientôt renoncé. Le pétrin à axe continu est le seul qu'elle emploie aujourd'hui.

(2) Les grands pétrins, exigeant naturellement plus de force, il conviendrait de multiplier leurs engrenages, sinon la manœuvre serait trop pénible. On pourrait employer dans ce cas deux roues dentées, l'une grande, l'autre petite, deux pignons et un volant à manivelle. Tous les pétrisseurs Rolland qui existent en Belgique sont pourvus d'un mécanisme semblable.

L'appareil est monté sur des supports en fonte ou en fer, qu'on peut établir à demeure fixe.

Afin de rendre plus aisé l'enlèvement de la pâte travaillée, le pétrin est rendu mobile autour de son axe, de façon à pouvoir être rabattu en avant.

Ce mouvement s'opère au moyen d'un pignon engrenant avec un quart de cercle.

Les dimensions du pétrin peuvent être assez variables et dépendent de la quantité de pâte à pétrir à la fois, et de la capacité du four.

En général, les petits pétrins conviennent mieux, quand on doit les manœuvrer à bras d'homme; mais si l'on dispose d'un moteur mécanique, il est préférable d'employer des machines plus grandes. A l'aide d'un pétrin à bras de 1 mètre de longueur et $0^m,90$ de diamètre, deux ouvriers manipuleront aisément et sans aucune fatigue deux sacs de farine, ou 250 kilog. de pâte, c'est-à-dire 170 pains de munition de 1,500 grammes, quantité qui correspond à la capacité d'un four de 8,50 mètres carrés de surface.

Ajoutons encore que la forme du pétrisseur Boland est fort avantageuse, en ce qu'elle permet à l'ouvrier de suivre attentivement toutes les phases du pétrissage et de modifier son travail à chaque instant, si le besoin l'exige.

Jeu de l'appareil. La farine destinée à être convertie en pâte est étendue dans le fond du pétrin; on verse par-dessus l'eau élevée à une certaine température, et contenant le levain délayé, puis on imprime le mouvement à la machine en agissant, soit sur la manivelle, soit sur l'une ou l'autre des poulies. Après que les agitateurs ont fait cinquante tours, le premier mélange, c'est-à-dire le frasage est achevé. A partir de cette période commence le pétrissage proprement dit : les lames, par leur disposition commode et leur action efficace, développent la pâte en nappes successives, l'étirent, la découpent, la pressent, la soufflent par l'introduction de l'air nécessaire, la refoulent tantôt à une extrémité du pétrin, tantôt à l'autre, et lui donnent, en un mot, un remuage plus complet que par les mains d'ouvriers habiles et vigoureux.

La durée de ce travail ne doit pas excéder vingt-cinq minutes.

L'appareil, dont nous venons de donner la description et qui répond d'une manière très-satisfaisante aux exigences variées de la question, semble être celui qu'il convient d'adopter pour nos manutentions militaires.

Ce pétrin jouit, en effet, des avantages suivants que l'expérience a constatés :

1° La qualité du pain est plus égale et plus uniforme, en ce qu'elle dépend moins de l'habileté ou du caprice de l'ouvrier ;

2° La pâte étant bien travaillée, sa contexture est bonne et il ne s'y forme pas de grumeaux, comme dans la plupart des pétrisseurs mécaniques ;

3° Le rendement d'une quantité déterminée de farine y est toujours identiquement le même, ce qui n'a pas lieu dans le pétrissage à bras ;

4° Les parties travaillantes ne sont pas trop multi-

pliées, en sorte que la pâte n'est pas exposée à se dessé-
cher au contact de l'air, ni à prendre trop de consistance
avant d'être suffisamment malaxée ;

5° Le pétrissage s'effectue à tel degré de fermeté
qu'on désire et avec la plus grande précision ;

6° Le service est régulier et peut être assuré d'une
manière continue, ce qui est à la fois avantageux et
économique ;

7° Enfin, l'appareil n'exige que peu de réparations (1).

L'usage du pétrisseur Boland est très-répandu, non-
seulement dans les grandes boulangeries, mais même
dans des établissements privés de moindre importance.
Nous avons vu fonctionner ce pétrisseur à Amsterdam,
à La Haye, à Paris, etc., où nous avons acquis la convic-
tion qu'il n'en existe pas de plus avantageux.

CHAPITRE II.

Des fours à cuire le pain.

CONSIDÉRATIONS GÉNÉRALES.

Depuis les temps les plus reculés, il est fait usage de
fours pour la cuisson du pain. Les premiers fours ont été
employés en Orient. Suidas en attribue l'invention à un
égyptien nommé Annos.

(1) Ceux que nous avons vus à la boulangerie Scipion, à Paris, fonctionnent
depuis huit ans et n'ont exigé d'autre réparation que le renouvellement des crapau-
dines, ce qui se fait sans difficulté et sans dépense sensible.

Les Phéniciens s'en servaient bien avant les Grecs et possédaient même, à ce que rapporte la tradition, des ouvriers boulangers très-habiles.

L'usage de ces fours semble s'être introduit tardivement en Europe, car les Romains cuisaient leur pain sur la cendre, sur des pierres chauffées fortement ou sur un gril.

Sous les Empereurs, les soldats traînaient avec eux des meules portatives, à l'aide desquelles ils broyaient le grain et en faisaient une pâte que, le plus souvent, ils cuisaient sur la cendre. L'empereur Caracalla, suivant Hérodien, ne mangeait pas d'autre pain, quand il était à l'armée, que celui qu'il avait préparé lui-même.

On sait, du reste, que les dames romaines les mieux qualifiées ne dédaignaient point, à l'exemple de Sara (1), de pétrir la pâte qu'elles cuisaient au moment du repas.

Par la suite cependant les Romains eurent des boulangeries publiques destinées à assurer la subsistance du peuple, et le vieux mode de cuisson tomba tout à fait en désuétude.

Jusqu'au siècle dernier, la disposition des fours est en quelque sorte restée la même, bien que leur construction ait assez varié. Le four décrit par Malouin, en 1767, a la plus complète analogie avec celui qui a été découvert dans une maison de boulanger, à la suite de fouilles exécutées à Pompeia.

Les fours étaient faits tantôt en brique crue ou en

(1) La Genèse, Chap. XVIII. vers. 6.

brique cuite, tantôt en pierre sablonneuse, quelquefois même ils étaient creusés d'une seule pièce dans des bancs d'argile, lorsque la nature du sol favorisait ce genre de construction.

Pour les chauffer, il était fait usage de végétaux, tels que le bois, la paille, les joncs, les sarments de vigne, etc. On entassait le combustible sur l'âtre, on y mettait le feu, et, quand le four avait atteint une température suffisante, on retirait la braise et les cendres pour procéder à l'enfournement.

Il en résultait qu'on n'obtenait jamais qu'un produit malpropre, couvert de poussière, imprégné de gaz parfois nuisibles, incrusté de fragments de braise, et souvent susceptible d'inspirer le dégoût plutôt que d'exciter l'appétit.

Mais, depuis qu'on s'est attaché sérieusement à triompher de la routine la plus déplorable et la plus invétérée, en vue d'améliorer le premier de nos aliments, l'industrie a fait, sous ce rapport, des progrès très-remarquables. Grâce au secours de la science, les boulangeries bien dirigées emploient maintenant des procédés tout nouveaux par lesquels se trouvent réalisées d'importantes améliorations, au double point de vue de la panification et de la cuisson.

L'une d'elles consiste, sans contredit, dans l'emploi des combustibles minéraux, tels que le charbon de terre, l'anthracite et le coke. Ces combustibles se prêtent tout aussi bien que le bois à la cuisson du pain, et leur usage réduit les frais de chauffage au quart environ.

Les fours à cuire le pain dont on se sert communément aujourd'hui, peuvent se diviser en trois grandes catégories, savoir :

1° Ceux qui se chauffent encore directement par le combustible placé sur l'âtre ;

2° Ceux qui reçoivent la chaleur par un foyer extérieur ou par un calorifère en communication avec la capacité réservée à la cuisson ;

3° Enfin, les fours dans lesquels est mise en circulation une certaine quantité d'air chaud ou de vapeur d'eau, par des galeries ou des conduits disposés le long de l'enveloppe qui limite la capacité intérieure. Tels sont les fours les plus perfectionnés, dits *aérothermes*.

Nous allons exposer brièvement les avantages et les inconvénients de chacun d'eux.

Fours chauffés par le combustible placé sur l'âtre.

Ces fours ont généralement une forme circulaire ou ovale ; ils se composent d'une voûte très-plate, reposant sur des pieds-droits qui circonscrivent l'âtre. Un ou plusieurs houras, pratiqués dans la voûte, servent à activer le tirage et à favoriser l'évacuation de la fumée produite par la combustion des matières employées pour le chauffage. Quelques fours cependant n'ont point de houra, et les gaz s'échappent très-incomplètement par l'ouverture destinée à l'enfournement, ouverture nommée *bouche* ou *entrée* et qui se ferme par une porte en fer bien close.

On y emploie tantôt le bois, dans les localités où il est abondant, et par conséquent à bon marché ; tantôt le coke ou la houille, partout où ces combustibles s'obtiennent à des prix modérés ; tantôt la tourbe qu'on rencontre en grande quantité dans certains pays. Mais tous se chauffent très-irrégulièrement et avec lenteur, se refroidissent vite, consomment beaucoup de combustible, se nettoient difficilement et donnent enfin lieu à des produits imparfaitement cuits et généralement malpropres.

Aujourd'hui, ce système n'est plus guère appliqué que dans la petite industrie des villes et dans les campagnes, où le défaut de ressources, autant que la routine invétérée, empêchent toute amélioration (1).

Fours chauffés par un foyer extérieur ou par un calorifère.

L'âtre de ces fours a des formes très-diverses, variant du rectangle à l'ellipse très-allongée. En Belgique et en France, la forme circulaire ou ovale a généralement prévalu ; mais en Angleterre, on a adopté les âtres rectangulaires, ou à peu près.

Ces fours simplifient beaucoup l'appareil du chauffage : ils tendent à une sage économie, remédient en grande partie au désavantage du nettoyage, se chauffent d'une manière plus uniforme, permettent d'accé-

___

(1) Les fours au bois sont pourtant encore exclusivement employés à Paris. Cela s'explique jusqu'à un certain point, en raison de la cherté de la houille et de la nécessité de livrer de la braise à la clientèle.

lérer le travail et donnent lieu à de meilleurs produits, sous le double rapport de la propreté et de la cuisson.

Parmi tous les fours basés sur ce système, qui ont été mis en usage dans les pays où la houille est à bon marché, il en est qui utilisent le calorique d'une manière très-efficace, bien qu'on y emploie une quantité relativement moindre de combustible. Tel est le four imaginé par le capitaine du génie français Garnier, que le département de la guerre a introduit dans nos manutentions en 1849, après des expériences très-concluantes.

Ce four est composé d'un âtre ovoïde, d'un foyer latéral avec cendrier et d'un houra ou cheminée.

Le foyer est construit dans l'épaisseur de la maçonnerie et au niveau de l'âtre, avec lequel il communique par une large baie. Sa porte se trouve à côté de la bouche du four, ce qui les met toutes deux à la portée de l'ouvrier chargé de conduire la cuisson.

Le houra s'ouvre dans le pied-droit de la voûte qui surmonte l'âtre, à l'extrémité du diamètre passant par le foyer, et débouche dans la cheminée; il est muni d'un registre servant à régler le tirage pendant la cháuffe, et à empêcher la trop prompte déperdition de la chaleur après l'enfournement.

L'âtre est ainsi chauffé directement par la flamme et par les produits de la combustion, qui se répandent de toute part dans le four, à leur sortie du foyer.

Ces fours, construits avec intelligence et judicieusement employés, donnèrent généralement des résultats satisfaisants; mais on ne tarda pas à s'apercevoir qu'ils avaient le double inconvénient d'exiger des réparations assez fréquentes et de produire de l'inégalité dans la cuisson des pains d'une même fournée. On remarqua, en effet, que les pains placés contre les rives, n'étaient pas toujours aussi bien cuits que ceux disposés vers le milieu de l'âtre et dans le voisinage du houra.

Ces deux imperfections sautèrent à tous les yeux, et l'on chercha à les atténuer le plus possible. C'est à M. Colson, industriel à Bruxelles, et à M. le colonel du génie Casterman, que l'on doit les changements les plus heureux apportés à la construction du four manutentionnaire de M. Garnier.

Ces inventeurs sont parvenus, à l'aide d'une disposition mieux entendue de l'appareil, et d'une application plus judicieuse du houra et de quelques carneaux, à chauffer plus uniformément le four, à utiliser une plus grande quantité de calorique, et à diminuer le temps nécessaire à la chauffe et à la cuisson.

Voici les principaux changements qu'ils ont introduits à l'appareil Garnier :

Le four, au lieu d'être de forme ovoïde, est de forme circulaire, et sa calotte est sphérique. L'âtre, les pieds-droits et la voûte sont en matériaux confectionnés avec de l'argile pure et maçonnés au mortier d'argile bien préparé. La bouche est garnie latéralement d'un encadrement en fonte, dans lequel s'adapte une porte ; elle est recouverte d'une voûte surbaissée, percée d'un évent en communication avec la cheminée, et servant à l'évacuation de la vapeur du pain pendant le défournement.

Le houra est établi à l'avant du four, du côté opposé au foyer par rapport à la bouche; il s'ouvre au niveau de l'âtre, pour se relever immédiatement au-dessus de l'extrados de la voûte, qu'il parcourt en serpentant jusqu'à la grande cheminée. Ce houra est muni d'un registre propre à régler le tirage.

Le fourneau est construit en matériaux réfractaires, et son axe, différent de celui de l'âtre, aboutit à l'extrémité du diamètre passant par le milieu de la bouche. La voûte du foyer est percée d'une ouverture en communication par un conduit, avec la cheminée. C'est par-là que s'échappent tous les produits de la combustion, quand est fermé le registre du houra. Le fourneau est pourvu d'une grille en fonte qui s'étend jusqu'au fond du cendrier, dont la profondeur est toutefois moindre que celle du foyer.

La baie, qui met le foyer en communication avec la capacité intérieure du four, se ferme, au moment de l'enfournement, soit par une glissière manœuvrée au moyen d'une chaîne à contre-poids, soit par un obturateur portatif qu'on introduit à l'aide d'un crochet.

On chauffe ce four comme celui de M. Garnier, en plaçant le combustible sur la grille du foyer. Pendant tout le temps de la combustion, la porte du four et celle du foyer restent fermées; on laisse ouverts le houra et la porte du cendrier. Dès que le four a atteint la température voulue, ce que l'on reconnaît à des rayonnements blanchâtres, on ferme le registre du houra, ainsi que la porte du cendrier, on ouvre le four et l'on place l'obturateur. Il suffit alors de nettoyer l'âtre avec un torchon imbibé d'eau, et l'enfournement de la pâte peut commencer.

L'appareil que nous venons de décrire assez brièvement, a remplacé le four Garnier dans nos manutentions. Il donne, lorsqu'il est mené par d'habiles ouvriers, des résultats très-favorables et une économie sensible, sous le rapport du chauffage et des réparations.

Mais ce four, bien que supérieur à tous ceux du même système, ne laisse pas que de présenter certaines imperfections inhérentes à la nature même de l'appareil et qu'on chercherait vainement à faire disparaître.

On remarque, en effet, que le pain enfourné le premier est presque toujours retiré le dernier; de là une certaine inégalité dans la cuisson, quelle que soit la régularité de la chauffe; de plus, l'âtre devant être chaque fois nettoyé avant un nouvel enfournement, il arrive que les ouvriers, dont la propreté laisse souvent à désirer, n'apportent pas à cette opération tout le soin désirable. Dès lors, le pain cuit n'est guère beaucoup plus propre que celui qu'on retire des fours qui se chauffent sur l'âtre.

Ajoutons encore qu'à défaut d'instrument *ad hoc*, il est assez difficile de se rendre compte de la température exacte du four, et, par conséquent, du moment où il convient d'enfourner.

Les frais d'entretien sont enfin très-considérables et hors de toute proportion avec ceux de premier établissement. On a constaté, en effet, dans plusieurs manutentions du pays, que des fours de 3^m50 de diamètre, dont le prix de revient ne dépasse pas mille francs, exigent annuellement, en réparations de toute espèce, 25 pour cent du capital engagé, tout en n'étant employés que dix heures par jour au plus.

Quoi qu'il en soit, cet appareil se distingue de tous ceux du même système, parce qu'il procure une économie sensible dans le prix de revient du pain. Il peut donc être avantageusement appliqué dans les petites boulangeries, où l'insuffisance des ressources est souvent un obstacle à l'adoption de procédés perfectionnés ; mais, dans les grandes exploitations qui disposent de capitaux suffisants pour les frais d'installation, ces fours sont remplacés par des fours aérothermes.

Fours aérothermes.

Les fours aérothermes sont chauffés à l'aide d'un foyer, soit par l'intermédiaire de conduits ou de galeries qui tapissent les parois intérieures de l'appareil, soit par des chambres à air chaud communiquant avec la capacité du four, soit enfin par des séries de tubes convenablement disposés et renfermant une certaine quantité d'eau qu'on élève à une haute température.

Les fours aérothermes ont une forme très-variable : les uns ont pour âtre des rectangles ou des trapèzes, les autres des cercles. Tous donnent, quand ils sont bien dirigés, des résultats excellents sous le double rapport de la bonne cuisson et de l'économie. Ils résolvent le problème si difficile de la cuisson continue et de la propreté parfaite des produits, et exigent moins de réparations que les fours ordinaires à la houille.

Le premier modèle de four aérotherme est dû, semble-t-il, à M. Aribert, et date de 1832. Il est disposé de manière à permettre l'introduction, dans la capacité destinée à la cuisson, d'un courant d'air chaud provenant d'un calorifère placé au dehors et au-dessous du four. La flamme et la fumée parcourent des conduits ménagés sous l'âtre et allant aboutir à la cheminée.

L'inventeur donna d'abord à ce four la forme rectangulaire, et l'établit à chauffe continue et à fournées alternatives. Plus tard, il en construisit d'autres de forme circulaire, à chauffe et à enfournement continus, sans toutefois modifier le système dans son principe; mais la première disposition a été reconnue la meilleure, en ce qu'elle exige moins de frais d'établissement, et que la cuisson est plus parfaite et donne au pain un coloris plus uniforme.

M. Aribert, entré d'emblée dans le champ des découvertes et des perfectionnements les plus utiles qu'on ait apportés jusqu'alors dans la boulangerie, eut bientôt de nombreux imitateurs. La question des fours aérothermes fut étudiée sous toutes ses faces, et l'on vit se produire successivement, parmi tant d'autres dispositions remarquables, le four de MM. Jametel et Lemare, celui de M. Clara, celui de M. Rolland, le four de M. Wieghorst, et enfin celui de M. Kaiser.

Four Jametel et Lemare.

Le four aérotherme, imaginé par ces inventeurs, est chauffé par un foyer unique, placé au-dessous de l'âtre et communiquant avec des carneaux qui conduisent dans la cheminée les produits refroidis de la combustion. Des galeries ou réservoirs d'air chaud, en communication par de petits orifices avec l'air extérieur, environnent le fourneau. Cet air, fortement chauffé par son contact avec les parois du foyer, est amené dans le four, en partie directement, par un tuyau central, et en partie par des carneaux ménagés sous l'âtre.

A l'aide de cet ingénieux appareil, on est parvenu à réduire les frais de chauffage à 17 centimes pour 100 kilog. de pain, produits par un travail continu.

MM. Mouchot et Grouvelle, à Montrouge, chez qui ce four a fonctionné très-avantageusement pendant plusieurs années, ont imaginé de le perfectionner, sans toutefois modifier son principe. Afin d'obtenir une flamme plus longue et, par conséquent, plus propre à porter la chaleur au loin dans les carneaux, ils ont remplacé le fourneau par un foyer à flamme renversée, à l'instar des calorifères, de façon que le charbon et l'air pussent s'introduire par le haut. Cette disposition rend le nettoyage plus facile, et les grilles sont moins sujettes à se détériorer. Il paraît que ces inventeurs ont pu, dans un travail sans intermittence, réaliser de la sorte une certaine économie de combustible.

Four Clara.

Le four de M. Clara, qui date de 1844, se distingue des fours aérothermes ordinaires, en ce qu'il est disposé de façon que les gaz provenant de la combustion de la houille, y soient utilisés.

Ce four a une forme à peu près rectangulaire. Il est chauffé par deux foyers très-allongés qui s'étendent sous les trois quarts environ de la profondeur de l'âtre. Des galeries et des carneaux, habilement ménagés, conduisent l'air chaud et les produits gazeux de la combustion autour du four et, de là, dans la cheminée. Les gaz sont enflammés dans les carneaux et contribuent puissamment à élever la température.

D'après les expériences faites par l'inventeur, le four fonctionnant sans intermittence, les frais de cuisson se réduisent à 15 centimes environ par 100 kilog. de pain, dans les localités où la houille se paye fr. 2,20 l'hectolitre.

Ce four est donc très-recommandable au point de vue économique; mais sa construction exige une grande sujétion, et ses réparations sont difficiles.

Four Rolland.

M. Rolland, qui s'est voué avec une persévérance digne d'éloges à la solution du problème de la cuisson économique du pain, a imaginé, en 1844, un four à air chaud et à âtre tournant d'un incontestable mérite.

Ce four, de forme circulaire, est chauffé par un foyer indépendant, placé à la partie inférieure, loin de la bouche, et pouvant brûler toute espèce de combustible. L'air chaud, sortant de ce foyer, est dirigé au-dessous et au-dessus de la capacité réservée à la cuisson, en parcourant de nombreux conduits ramifiés en patte d'oie et aboutissant à la cheminée. La température du four s'élève ainsi promptement, sans que les produits de la combustion aient le moindre contact direct avec les parois intérieures, soit avant, soit après l'enfournement des pains.

Un bec de gaz éclaire l'intérieur du four, et un thermomètre, que l'ouvrier a constamment sous les yeux, permet d'apprécier l'instant où l'on doit enfourner.

L'âtre est entièrement recouvert de carreaux de terre cuite vernissés ou non, et consiste en une plate-forme tournante qu'on fait mouvoir sans aucun effort, à l'aide d'une manivelle placée à côté de la bouche du four.

La voûte est remplacée par un double plancher métallique, surmonté d'une couche épaisse de sable ou de cendre qui en empêche le refroidissement.

Le four se remplit par secteurs égaux, correspondant, à peu près, à la largeur de la bouche. Quand un secteur est chargé de pains à cuire, on tourne la manivelle afin de pouvoir charger un nouveau secteur, et l'on continue ainsi jusqu'à la fin de l'opération. Le défournement s'opère dans le même ordre que l'enfournement, et de façon que tous les pains restent le même laps de temps dans le four.

Cet appareil convient parfaitement pour la cuisson

de toute espèce de pâtes et même pour le pain de munition. Les expériences faites en Autriche, en 1853, sous
les yeux d'une commission nommée par le Gouvernement,
ne laissent subsister aucun doute à cet égard. Ces expériences furent même si concluantes, que le four Rolland fut *définitivement* et *immédiatement* adopté pour
les manutentions militaires de l'empire (1).

On a depuis constaté que ces fours, comparés aux
fours ordinaires qui se chauffent à la houille, procurent
une économie de combustible de 25 p. c. environ.

Tout récemment, nous avons eu l'occasion de visiter
un établissement monté avec une rare intelligence, la
« *Meel en brood fabriek van s'Gravenhage,* » où nous
avons vu plusieurs fours Rolland fonctionner avec le
plus grand succès.

Ajoutons, toutefois, que le mécanisme nous a paru
quelque peu compliqué, et que, livré à des mains inha-
biles, il est exposé à de fréquentes détériorations et,
conséquemment, à un entretien assez coûteux.

Quoi qu'il en soit, cet appareil a fait ses preuves, et
nous n'hésitons pas à le préconiser, à l'exclusion de tous
les autres, pour l'industrie privée.

Four Wieghorst.

Le four de M. Wieghorst, en usage dans les manutentions militaires du royaume de Prusse et du grand-
duché de Bade, est sans contredit un des plus simples

(1) Cosmos, 3e année, page 80.

et des plus remarquables qu'on ait imaginés dans ces derniers temps.

Ce four, qui peut être chauffé avec toute espèce de combustible, n'est plus à circulation extérieure susceptible d'être régularisée par le moyen de registres. L'âtre est rectangulaire et parcouru, dans le sens de sa longueur, par un chemin de fer servant à opérer l'enfournement et le défournement. Deux fourneaux sont placés à une extrémité; la bouche ou l'entrée est à l'extrémité opposée.

On élève la température de la capacité intérieure par deux nappes ou séries de tubes simples, indépendants les uns des autres et hermétiquement fermés aux deux bouts. Une certaine quantité d'eau est introduite dans ces tubes, et c'est par l'ébullition du liquide et sa conversion continue en vapeur que le four est chauffé.

Les deux nappes tubulaires sont situées, l'une au-dessous de l'âtre, l'autre au-dessus. Elles s'avancent de 0,30 à 0,35 centimètres dans les foyers et sont légèrement inclinées vers ceux-ci, pour faciliter le retour de l'eau, qui se condense incessamment, mais lentement, dans la partie qui rampe dans le four, à mesure que la vapeur cède son calorique.

Nous avons dit que l'âtre est parcouru par un chemin de fer; celui-ci se prolonge à l'extérieur et sert à diriger le mouvement de va et vient d'un chariot sur lequel se placent les pains, chariot qui constitue l'âtre proprement dit. L'enfournement et le défournement peuvent ainsi se faire avec la main, sans le secours d'aucun instrument particulier ; et ces opérations s'effectuent avec bien plus de régularité et d'exactitude que par les procédés généralement en usage dans nos boulangeries.

La température nécessaire à la cuisson du pain est indiquée par un manomètre fixé à l'un des tubes. Ceux-ci, avant d'être employés, sont soumis à une épreuve hydraulique d'une pression de 50 atmosphères, soit le quadruple environ de ce qu'ils doivent supporter pour amener le four à la température voulue.

Si, par suite d'un feu trop vif, le manomètre indique une pression plus haute que celle prescrite, on agit sur le foyer de façon à diminuer l'intensité du feu en réduisant le tirage.

L'eau renfermée dans les tubes ne diminue pas, puisqu'elle ne peut s'échapper. On a ouvert des tuyaux qui avaient été en pleine activité pendant trois ans, et l'on y a retrouvé le même volume d'eau qu'à l'origine.

La porte, placée à la bouche du four, est à glissière et se manœuvre au moyen d'une chaîne et d'un contrepoids. Le cadre de cette porte est construit de manière à permettre le renouvellement de tout tuyau endommagé, même pendant la cuisson, sans déranger en rien la marche de l'appareil.

Enfin un pyromètre, adapté à l'entrée, sert à indiquer exactement le degré de chaleur du four, et une horloge, placée à proximité, permet à l'ouvrier de régler convenablement la marche des opérations et d'apprécier l'instant exact où il doit défourner.

Ces fours fonctionnent sur une grande échelle à Francfort, où ils donnent de très-bons résultats, sous le triple rapport de la cuisson parfaite, de la bonté des produits, et de la simplicité des opérations.

Malheureusement, il nous est impossible de ne pas trouver que l'espace en longueur exigé pour leur établissement, les rend assez incommodes, et souvent même inadmissibles. De plus, il arrive que des tuyaux éclatent sous les hautes pressions auxquelles ils sont soumis, ce qui n'est pas sans danger pour l'ouvrier préposé à la cuisson.

Four Kaiser.

Le four de M. Kaiser est établi sur le même principe général que le four Rolland : la flamme et l'air brûlé, provenant de deux foyers extérieurs, circulent dans des tuyaux et des galeries autour de la capacité réservée à la cuisson, et lui communiquent la température nécessaire, sans jamais y pénétrer.

Ce four est de forme rectangulaire; celui que nous représentons feuilles 1 et 2, a, dans œuvre, $5^m,00$ de longueur, $2^m,20$ de largeur, 0^m25 de hauteur contre les foyers et $0^m,35$ à l'autre bout. Il peut contenir 220 pains de munition, soit 440 rations.

Les foyers sont disposés sur un des petits côtés du rectangle, en contre-bas de l'âtre; on y peut brûler toute espèce de combustible. La grille, qui est en fonte, est toutefois appropriée à un feu au coke.

Six gros tuyaux en fonte, ouverts aux deux bouts,

partent de ces foyers et vont déboucher dans une galerie verticale ou cheminée, ménagée dans le mur qui forme le second petit côté du rectangle. Ces tuyaux traversent une chambre close de toutes parts et dont le plafond supporte l'âtre du four.

L'espace réservé à la cuisson est enfermé en haut et en bas, par deux faces planes, l'une horizontale destinée à recevoir les pains, l'autre légèrement inclinée vers le foyer et formant la voûte.

L'âtre est uni et pavé en carreaux d'argile réfractaire, travaillés avec une grande précision et reposant sur une couche de sable de $0^m,03$ d'épaisseur en moyenne; ce sable est supporté par des plaques en fonte et une poutrelle en fer.

La voûte ou le plafond du four consiste en huit tuyaux en fonte accolés, également ouverts aux deux bouts, et d'un diamètre un peu moindre que celui des précédents. Ces tuyaux débouchent à la partie supérieure de la galerie verticale et conduisent l'air chaud dans une galerie supérieure horizontale, en communication directe avec la cheminée du four.

Pour empêcher toute perte de calorique, le dessus de cette dernière galerie est recouvert d'une couche de sable et d'un pavement en carreaux ordinaires.

La cheminée du four est munie d'un registre destiné à régler le tirage.

Un bec de gaz sert à éclairer la capacité réservée à la cuisson, et un pyromètre en fait connaître exactement la température.

Pour la facilité du nettoyage des tuyaux et de la galerie verticale, il est ménagé, à la partie inférieure de celle-ci, une ouverture garnie d'une porte par où l'on enlève la suie.

En outre, les débouchés des tuyaux supérieurs sont fermés par des tampons mobiles qui s'engagent dans la maçonnerie au-dessus des fourneaux. De cette manière, le nettoyage peut s'effectuer efficacement et rapidement à l'aide d'un ringard articulé ou non, selon l'espace dont on dispose en arrière.

On enfourne le pain par trois bouches ou entrées, disposées sur l'un des longs côtés du four.

Un réservoir à eau chaude est enfin placé au-dessus du four, à l'opposite des foyers. Il est engagé dans la couche de sable, et repose directement sur la galerie horizontale conduisant l'air refroidi dans la cheminée. De cette façon l'eau n'est jamais trop chaude, comme il convient pour la préparation des pâtes.

Marche du four. Le combustible employé, qui est généralement du coke, se place sur la grille. Aussitôt que le feu est allumé, la flamme circule suivant la direction de la flèche, dans les conduits inférieurs qui traversent la chambre close, et à laquelle ils communiquent une grande partie de leur chaleur. L'air chaud et la fumée s'échappent ensuite par la galerie verticale, pratiquée à l'extrémité du four, et pénètrent dans les conduits supérieurs, placés au-dessus de l'âtre et qui, par leur échauffement, contribuent à augmenter la température du four.

Les produits de la combustion passent enfin dans la galerie horizontale, disposée au-dessus des conduits supérieurs, et de là dans la cheminée.

On voit, par ce qui précède, que les gaz du foyer ne sont jamais en contact avec l'intérieur du four, et qu'ainsi le pain s'obtient tout à fait propre et sans odeur.

Quand la température a atteint 240 degrés centigrades environ, on procède à l'enfournement, puis on ferme toutes les issues.

L'enfournement et le défournement se font par les moyens ordinaires, c'est-à-dire à l'aide d'une pelle en bois à manche allongé.

Ils s'exécutent successivement et rapidement par les trois bouches, de manière à éviter une trop grande perte de chaleur. Les pains sont retirés par les différentes bouches, dans l'ordre qui a été suivi pour l'enfournement, ce qui procure une plus égale cuisson.

Chaque fournée exige 70 minutes, au plus, y compris l'enfournement et le défournement. On pourrait donc obtenir vingt fournées en 24 heures, en travaillant sans interruption.

Il est à noter que quelques pelletées de coke, jetées dans les foyers, après les trois ou quatre premières fournées, suffisent pour entretenir la température du four au degré voulu. Le chauffeur n'a donc presque rien à faire et peut vaquer à d'autres travaux, ce qui, outre l'économie de combustible, donne encore une grande économie de main-d'œuvre.

On élève la température du four, soit en ouvrant le

registre de la cheminée pour accélérer le tirage, soit en donnant plus d'air par la porte des fourneaux, soit en augmentant le chargement des foyers.

D'un autre côté, on abaisse la température intérieure, en fermant le registre de la cheminée et les portes des fourneaux, ou en retirant un certain nombre de tampons qui ferment les débouchés des tuyaux supérieurs.

Détails d'exécution. L'enveloppe du four est faite en maçonnerie de brique, et repose sur des fondations qui lui assurent une bonne assiette.

Les pieds-droits, la voûte et le fond des fourneaux sont construits en matériaux réfractaires, présentant une épaisseur suffisante au point de vue de la solidité.

La grille du foyer est allongée et légèrement inclinée vers le fond, afin d'offrir une plus grande surface de chauffe et de favoriser l'entrée de l'air chaud dans les conduits inférieurs.

Le cendrier consiste en un bac en fonte contenant toujours une certaine quantité d'eau. Il a la même profondeur que le fourneau et est séparé de la chambre à air par un mur en maçonnerie.

Tous les tuyaux sont assemblés à l'aide d'emboîtements et sont soutenus en différents points de leur longueur par des supports en fer ; de plus, leur extrémité engagée dans le mur intérieur de la galerie verticale, porte dans des manchons en fonte offrant une surface parfaitement lisse, qui permet une juxta-position complète et une dilatation libre.

Les plaques de la partie inférieure de l'âtre et celles du plafond du four s'appuient, par leurs extrémités, dans des boîtes en fonte, et se recouvrent latéralement, de façon à laisser à la dilatation du métal son libre jeu.

Pour la facilité du défournement, l'âtre a une inclinaison de 2 centimètres par mètre, vers les bouches du four.

La couche de sable, sur laquelle repose le carrelage, a 4 centimètres d'épaisseur au-dessus des foyers et 3 centimètres seulement contre le mur de la galerie verticale. Cette différence d'épaisseur a été reconnue nécessaire pour la régularisation de la chaleur dans l'étendue du four.

Les bouches ou entrées ont 1^m,20 de largeur et 20 centimètres de hauteur. Elles sont fermées par des portes à glissières qui se manœuvrent au moyen d'une chaîne à contre-poids. Dans cette porte est pratiqué un regard qui permet de voir l'intérieur du four.

Si l'importance de la boulangerie le comporte, on peut placer un générateur au-dessus des fourneaux (1). On trouve alors le moyen de chauffer, sans dépense, une machine à vapeur de la force de deux à trois chevaux, pouvant mettre en mouvement des pétrins et des monte-sacs.

L'appareil dont nous venons de donner la description existe à Amsterdam, depuis plus de six ans, dans une boulangerie modèle, nommée « la *Cérès* » où nous

____

(1) Un projet de l'espèce vient d'être adopté, pour la boulangerie militaire en construction au nouveau front 11-12 de l'enceinte d'Anvers.

avons été à même de l'étudier tout récemment et d'observer avec soin les diverses opérations qui se rattachent à la cuisson du pain.

Notre but ayant été de comparer le four Kaiser aux fours Rolland et à ceux en usage dans nos manutentions, sous le triple rapport des frais de chauffage, des frais d'entretien et de la cuisson, nous nous sommes d'abord appliqué à évaluer le coût du combustible par 100 kilog. de pain. Malheureusement, cette comparaison ne fut possible que d'une manière indirecte, attendu qu'à la *Cérès* on fabrique surtout du pain de luxe, dit Viennois, et qu'un kilogramme de ce pain, fractionné sous des formes très-variées, occupe dans le four une superficie d'un demi-mètre carré, alors qu'on pourrait cuire, sur la même surface, dix pains de munition de 1,500 grammes.

A la vérité, le bénéfice à retirer de cette circonstance, pour la cuisson du pain de munition, serait en partie réduit dans nos manutentions, où l'on ne cuit que par intervalle, tandis qu'à la *Cérès* le travail se fait jour et nuit; mais nous estimons que la différence, au point de vue économique, serait encore assez sensible.

Voici, du reste, des chiffres que nous avons obtenus de l'obligeance de M. Nering-Bolig, directeur de cette importante fabrique; ils se rapportent à l'exercice 1870.

Il y a été panifié journalièrement une quantité moyenne de 9,600 kil. de farines diverses, dont le produit en pains de luxe de toute espèce a été de 15,650 kilog., soit pour toute l'année 5,712,250 kilog. Le coke exclusivement employé pour le chauffage des six fours en activité n'a coûté que 3,000 florins (6,349 francs), en sorte que le coût du combustible par 100 kilog. de pain ne s'est élevé qu'à 11 centimes environ.

La consommation, en combustible, du four Rolland et des fours en usage dans nos manutentions, est de 9 kilog. par 100 kilog. de pain pour les premiers, et de 12 kilog. pour les seconds. En conséquence, si l'on estime à 2,00 fr. le prix de l'hectolitre de charbon, le coût du chauffage de ces fours sera respectivement de 18 et de 24 centimes par 100 kilog., soit 39 et 54 p. c. de plus que le coût du chauffage du four Kaiser. Il est encore à remarquer que ces calculs sont établis sur le prix du charbon de terre en Belgique, tandis que les 3,000 florins de coke représentent le prix de ce combustible en Hollande, où les charbons sont notablement plus chers.

En ce qui concerne les frais d'entretien, il ne nous a pas été possible de recueillir des renseignements précis; mais M. Nering-Bölig nous a donné l'assurance que ces frais sont peu élevés et qu'il est rare qu'un four doive chômer pour cause de réparations, bien qu'ils fonctionnent tous sans intermittence.

Quant à la cuisson, nous avons pu nous convaincre qu'elle ne laisse absolument rien à désirer et qu'elle est aussi parfaite que dans les meilleurs fours aérothermes connus.

Ajoutons encore que le four Kaiser est d'une exécution technique très-remarquable, en ce que toutes les parties jouissent d'une solidité extrême et qu'elles sont très-judicieusement proportionnées dans leurs dimensions.

En résumé, le four Kaiser l'emporte sur le four Rolland en solidité, en économie et en simplicité, et nous estimons qu'il y aurait avantage à l'employer dans nos boulangeries militaires.

Pour terminer, voici quel serait le prix de revient d'un four Kaiser, ayant les dimensions types indiquées aux dessins des planches 1 et 2 et qui pourrait, par exemple, être adopté pour la place de Bruxelles.

LETTRES repères des planches 1 et 2.	DÉSIGNATION DÉTAILLÉE des TRAVAUX, FOURNITURES, ETC.	Quantités.	PRIX de L'UNITÉ.		TOTAUX PARTIELS.		TOTAL de la DÉPENSE par nature D'OUVRAGE.	
	Terrassements.		—					
	Mètres cubes de terre déblayée et transportée	3.800	»	50	1	90		
	Mètrès cubes de sable, pour pavement	3. »	2	65	7	95		
							9	85
	Maçonneries.							
	Mètres cubes de maçonnerie en briques de la localité, pour fondations	4.092	14	40	58	93		
a	Mètres cubes de maçonnerie en briques *klampsteen* de Boom, pour l'enveloppe . . , ...	15.952	21	.50	342	97		
b	Mètres cubes de maçonnerie en briques réfractaires, au mortier d'argile	0.700	65	»	45	50		
c	Pièces en terre réfractaire . . .	6	10	»	.60	»		
d	Mètres carrés de pavement en carreaux réfractaires.	11. »	6	»	66	»		
e	Mètres carrés de pavement en carreaux rouges	17.50	2	20	38	63		
							612	03
	A reporter. . .						621	88

LETTRES repères des planches 1 et 2.	DÉSIGNATION DÉTAILLÉE des TRAVAUX, FOURNITURES, ETC.	Quantités.	PRIX de L'UNITÉ.		TOTAUX PARTIELS.		TOTAL de la DÉPENSE par nature D'OUVRAGE.	
	Report. . .						621	88
	Métaux.							
	Fonte.							
f	12 gros tuyaux de 0.15 d'é-paisseur . . . . . 1,368 »							
f'	16 petits tuyaux de 0.15 d'épaisseur . . . . . 2.052 »							
g	33 plaques de 0.10 d'épais-seur . . . . . . 4.266 »							
h	14 plaques d'ancrage . . 602 »							
i	8 boîtes à dilatation. . . 480 »							
j	2 supports de tuyaux . . 160 »							
k	14 manchons à dilatation . 308 »							
l	0 boîtes à tampons . . . 442 »							
m	2 boîtes à tiroirs. . . . 96 »							
n	2 portes de foyers avec châssis fixes . . . . 410 »							
o	2 barres de foyers (supports de grilles) . . . . . 50 »							
p	2 cendriers. . . . . . 170 »							
q	1 support de poutrelle . . 60 »							
r	3 garnitures de portes de four . . . . 162 »							
s	3 cadres à glissière. . . 126 »							
t	6 petites poulies . . . . 15 »							
u	3 contre-poids. . . . . 60 »							
v	32 barreaux de grille . . 320 »							
	Kilog. de fonte en pièces de toutes dimensions. . . ———	11,147 »	»	20	2,229	40		
	Kilog. de fer laminé pour poutrelles.	59 »	»	32	18	88		
	A reporter. . .				2,248	28	621	88

LETTRES repères des planches 1 et 2.	DÉSIGNATION DÉTAILLÉE des TRAVAUX, FOURNITURES, ETC.	Quantités.	PRIX de L'UNITÉ.		TOTAUX PARTIELS.		TOTAL de la DÉPENSE par nature D'OUVRAGE.	
	Report. . .				2248	28	621	88
	Fer forgé.							
o	12 grands tirants de 3^m50 de longueur . . . . 420 "							
	16 grands tirants de 3^m50 de longueur . . . . 288 "							
	22 attaches de portes . . 77 "							
	Kilog. de fer forgé . . . ———	785 "	"	40	314	"		
	Kilog. de tôle pour portes, tampons et tiroirs.	122 "	"	60	73	20		
	Kilog. de fer en pièces limées et filetées	71 "	"	83	58	93		
o	Kilog. de fer forgé en chaînes à mailles	12 "	"	79	9	48	2,703	89
	Réservoir en tôle, pose comprise .						94	23
	Total. . .						3,420	"

On voit, par cette estimation, que l'on peut installer un four Kaiser, de la contenance de 220 pains, pour la somme de 3,420 francs, non compris le droit de brevet, soit 155 francs environ par pain.

Nous bornerons ici ce que nous avions à dire sur ce four et sur les améliorations importantes que son emploi permettrait d'introduire dans nos manutentions militaires. Des expériences en grand viendront, sans doute, bientôt confirmer les résultats avantageux que nous avons signalés.

Bruxelles, juin 1872.

TABLE DES MATIÈRES.

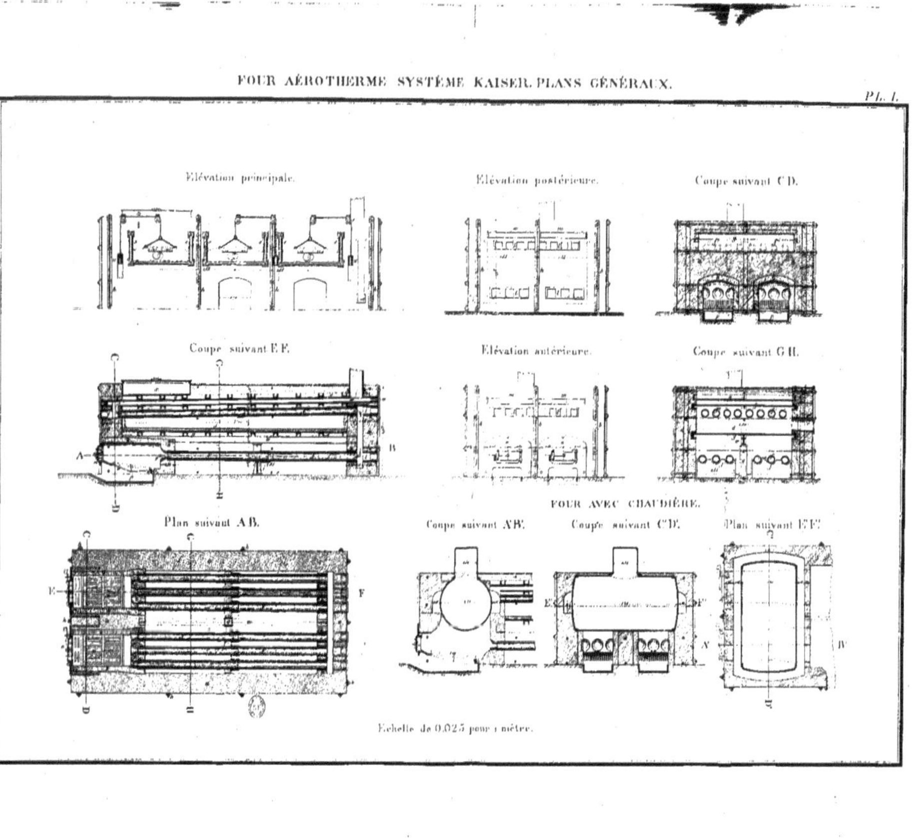
Élévation principale.
Élévation postérieure.
Coupe suivant C D.
Coupe suivant E F.
Élévation antérieure.
Coupe suivant G H.
Plan suivant A B.
FOUR AVEC CHAUDIÈRE.
Coupe suivant A B.
Coupe suivant C D.
Plan suivant E F.
Échelle de 0.025 pour 1 mètre.

Coupe suivant AB.

Élévation de la porte avec son cadre fixe.

Boîte à tiroirs. (2 Semblables.)

Manchon à dilatation des tuyaux inférieurs. (6 Semblables)

Boîte à tampons. (4 Semblables)

Support des tuyaux inférieurs. (2 Semblables)

Boîte à dilatation. (8 de 2m56)

Échelle de 0,08 pour 1 mètre.

Plan suivant IJ.

Coupe suivant CD.

Plaque d'amorçage. (14 Semblables)

Coupe b. (4/1)

Manchon à dilatation des tuyaux supérieurs. (6 Semblables)

Détail des plaques.

1 pièce.   (8 Semblables)   1 pièce   (16 Semblables)

Élévation.   Porte du four.

Coupe suivant EF.

Réservoir.

Coupe suivant a.

8 Semblables.   Tuyaux supérieurs.   8 Semblables.   1 pièce.   1 pièce   2 Semblables.

Plan suivant GH.

Support de la poutrelle.   6 Semblables.   Tuyaux inférieurs.   6 Semblables.

Échelle de 0,05 pour 1 mètre.

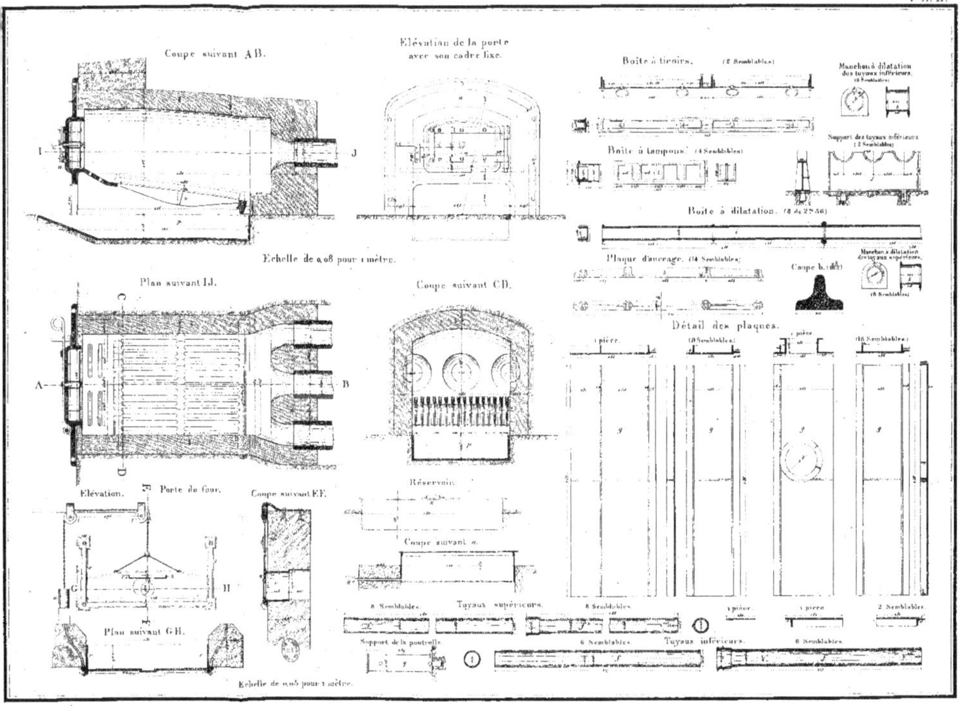

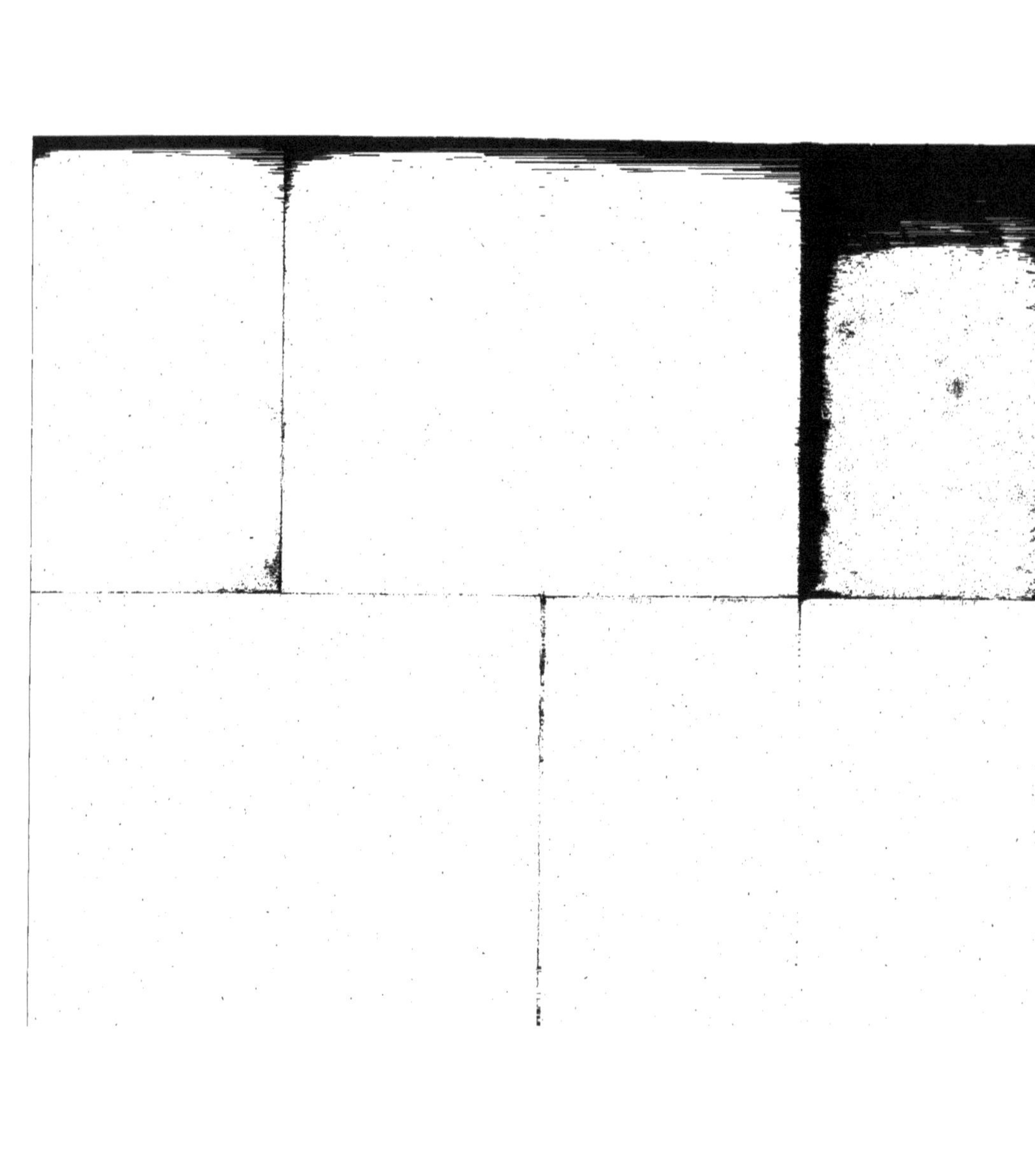

www.ingramcontent.com/pod-product-compliance
Ingram Content Group UK Ltd.
Pitfield, Milton Keynes, MK11 3LW, UK
UKHW020956120726
13693UKWH00004B/1712